Impressum
Verlag: BABADADA GmbH, Nedderfeld 112 , 22529 Hamburg
Geschäftsführer / Verlagsleitung: Harald Hof
Druck: Books on Demand GmbH, In de Tarpen 42, 22848 Norderstedt

Imprint
Publisher: BABADADA GmbH, Nedderfeld 112 , 22529 Hamburg, Germany
Managing Director / Publishing direction: Harald Hof
Print: Books on Demand GmbH, In de Tarpen 42, 22848 Norderstedt, Germany

school

Szkoła

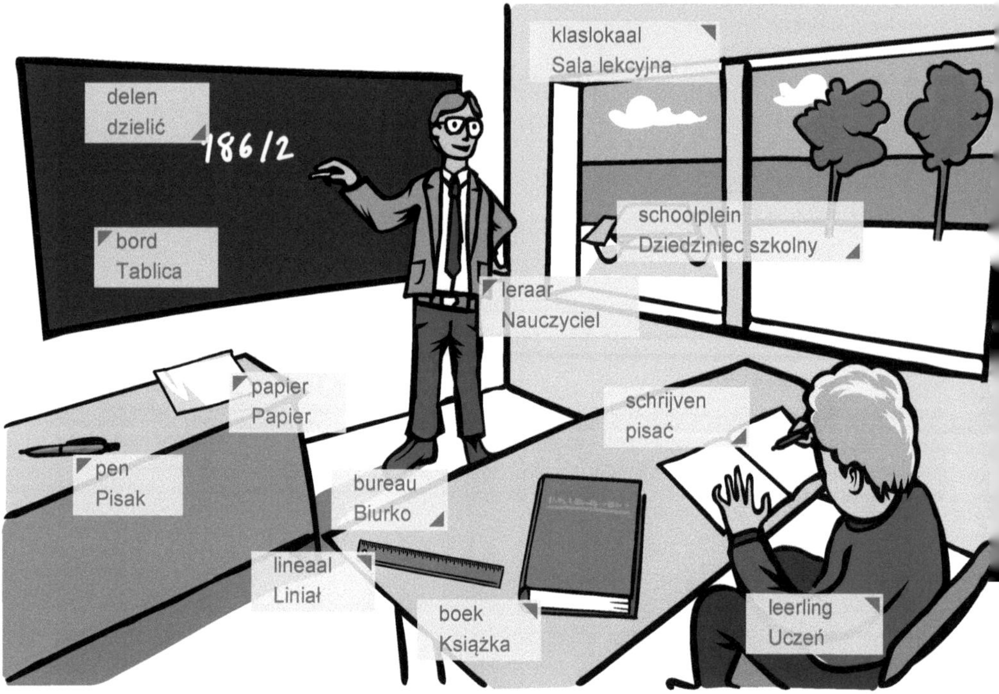
klaslokaal
Sala lekcyjna
delen
dzielić
186/2
bord
Tablica
schoolplein
Dziedziniec szkolny
leraar
Nauczyciel
papier
Papier
schrijven
pisać
pen
Pisak
bureau
Biurko
lineaal
Liniał
boek
Książka
leerling
Uczeń

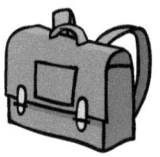

schooltas

Plecak szkolny

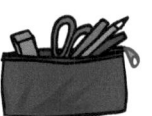

etui

Piórnik

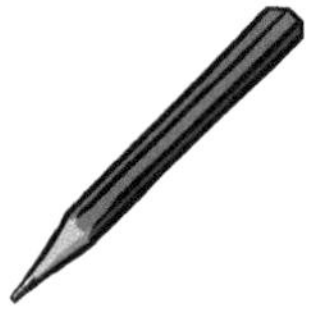

potlood

Ołówek

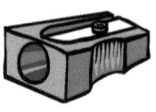

puntenslijper

Temperówka

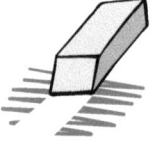

gum

Gumka do mazania

schetsblok

Blok rysunkowy

tekening

Rysunek

penseel

Pędzel

verfdoos

Pudełko z akwarelami

schaar

Nożyce

lijm

Klej

schrift

Książka do ćwiczenia

huiswerk

Zadanie domowe

getal

Liczba

optellen

dodawać

aftrekken

odejmować

vermenigvuldigen

mnożyć

rekenen

liczyć

letter

Litera

alfabet

Alfabet

woord

Słowo

tekst

Tekst

lezen

czytać

krijt

Kreda

les

Godzina

klassenboek

Dziennik lekcyjny

examen

Egzamin

diploma

Świadectwo

schooluniform

Mundurek szkolny

opleiding

Wykształcenie

encyclopedie

Leksykon

universiteit

Uniwersytet

microscoop

Mikroskop

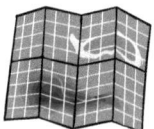

kaart

Mapa

prullenmand

Kosz na odpadki

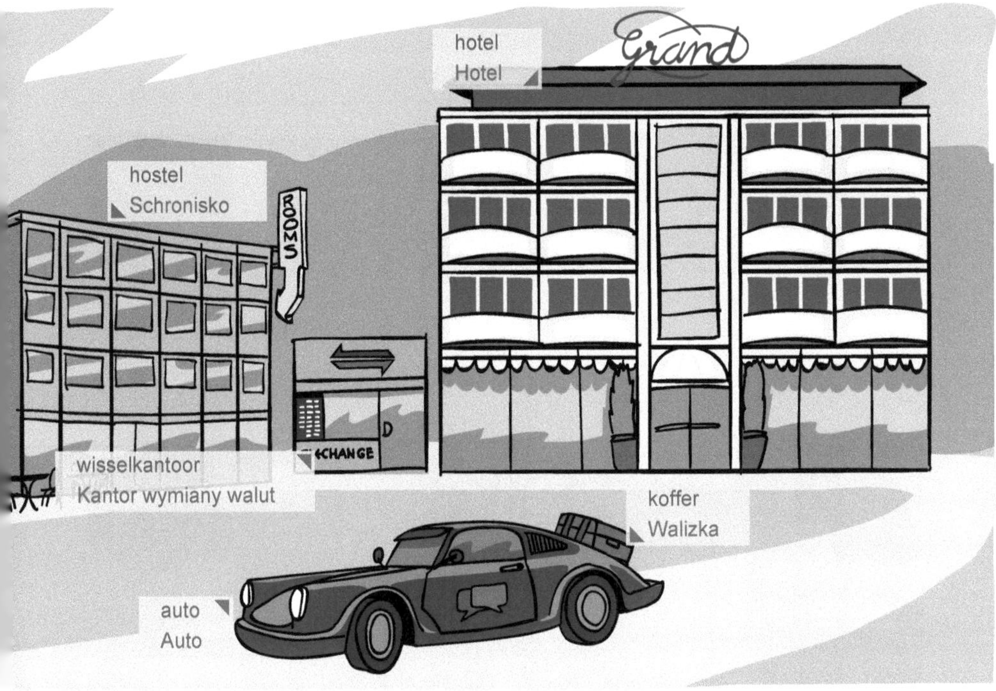

Grand
hotel
Hotel
hostel
Schronisko
ROOMS
EXCHANGE
wisselkantoor
Kantor wymiany walut
koffer
Walizka
auto
Auto

taal

Język

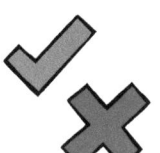

ja / nee

tak / nie

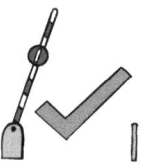

oké

OK

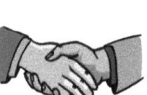

Hallo!

Halo

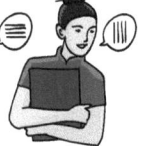

tolk

Tłumacz

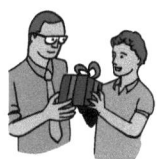

Bedankt.

Dziękuję

Wat kost ...?

Ile kosztuje ...?

Ik begrijp het niet.

Nie rozumiem

probleem

Problem

Goedenavond!

Dobry wieczór!

Goedemorgen!

Dzień dobry!

Goedenacht!

Dobranoc!

Tot ziens!

Do widzenia

richting

Kierunek

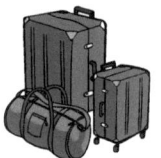

bagage

Bagaż

tas

Torba

rugzak

Plecak

gast

Gość

kamer

Pokój

slaapzak

Śpiwór

tent

Namiot

VVV-kantoor

Informacja turystyczna

strand

Plaża

creditkaart

Karta kredytowa

ontbijt

Śniadanie

lunch

Obiad

diner

Kolacja

kaartje

Bilet

lift

Winda

postzegel

Znaczek na list

grens

Granica

douane

Cło

ambassade

Ambasada

visum

Wiza

paspoort

Paszport

transport

Transport

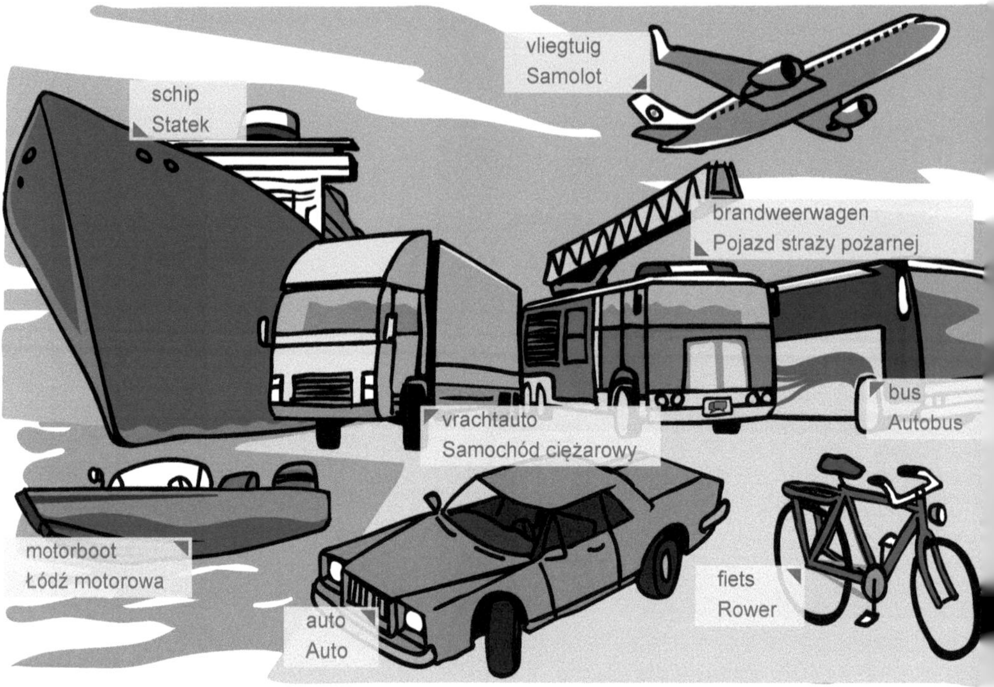

schip
Statek
vliegtuig
Samolot
brandweerwagen
Pojazd straży pożarnej
bus
Autobus
vrachtauto
Samochód ciężarowy
motorboot
Łódź motorowa
fiets
Rower
auto
Auto

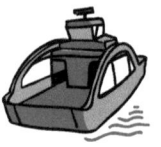

veerboot
Prom

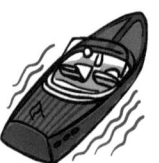

boot
Łódź

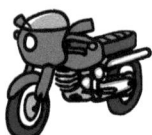

motorfiets
Motocykl

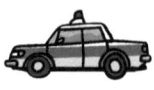

politiewagen
Radiowóz policyjny

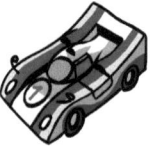

raceauto
Samochód wyścigowy

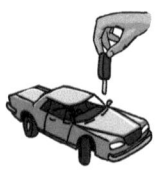

huurauto
Samochód wypożyczony

carsharing

Wspólne przejazdy
samochodem

takelwagen

Samochód pomocy
drogowej

vuilniswagen

Śmieciarka

motor

Silnik

benzine

Benzyna

benzinepomp

Stacja benzynowa

verkeersbord

Znak drogowy

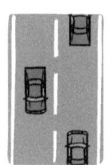

verkeer

Ruch

file

Korek

parkeerplaats

Parking

station

Dworzec

rails

Szyny

trein

Pociąg

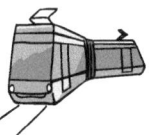

tram

Tramwaj

wagon

Wagon

helikopter

Helikopter

luchthaven

Lotnisko

toren

Wieża

passagier

Pasażer

container

Kontener

verhuisdoos

Karton

kar

Taczka

mand

Kosz

opstijgen / landen

startować / lądować

stad

Miasto

dorp

Wieś

stadscentrum

Centrum miasta

huis

Dom

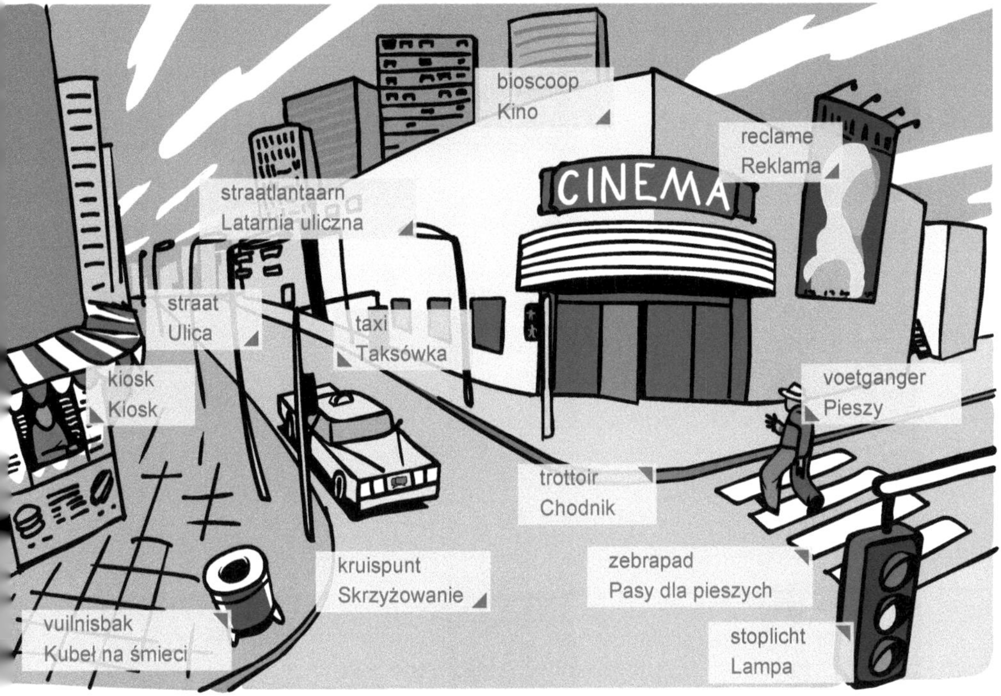
bioscoop
Kino
reclame
Reklama
CINEMA
straatlantaarn
Latarnia uliczna
straat
Ulica
taxi
Taksówka
kiosk
Kiosk
voetganger
Pieszy
trottoir
Chodnik
kruispunt
Skrzyżowanie
zebrapad
Pasy dla pieszych
vuilnisbak
Kubeł na śmieci
stoplicht
Lampa

hut

Chata

appartement

Mieszkanie

station

Dworzec

stadhuis

Ratusz

MUSEUM

museum

Muzeum

school

Szkoła

universiteit

Uniwersytet

bank

Bank

ziekenhuis

Szpital

hotel

Hotel

apotheek

Apteka

kantoor

Biuro

boekenwinkel

Księgarnia

winkel

Sklep

bloemenwinkel

Kwiaciarnia

supermarkt

Supermarket

markt

Rynek

warenhuis

Dom towarowy

visboer

Sklep z rybami

winkelcentrum

Centrum handlowe

haven

Port

park
Park

bank
Ławka

brug
Most

trap
Schody

metro
Metro

tunnel
Tunel

bushalte
rzystanek autobusowy

bar
Bar

restaurant
Restauracja

brievenbus
Skrzynka na listy

straatnaambord
Tabliczka z nazwą ulicy

parkeermeter
Parkometr

dierentuin
Zoo

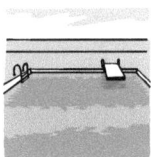

zwembad
Łaźnia

moskee
Meczet

boerderij

Gospodarstwo chłopskie

vervuiling

Zanieczyszczenie środowiska

begraafplaats

Cmentarz

kerk

Kościół

speelplaats

Plac zabaw

tempel

Świątynia

landschap
Krajobraz

blad / Liść

wegwijzer / Drogowskaz

weg / Droga

weide / Łąka

steen / Kamień

boom / Drzewo

wandelaar / Wędrowiec

rivier / Rzeka

gras / Trawa

bloem / Kwiat

vallei

Dolina

berg

Góra

meer

Jezioro

bos

Las

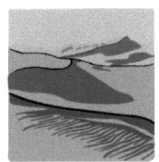

woestijn

Pustynia

vulkaan

Wulkan

kasteel

Zamek

regenboog

Tęcza

paddenstoel

Grzyb

palmboom

Palma

mug

Komar

vlieg

Mucha

mier

Mrówka

bij

Pszczoła

spin

Pająk

kever
Chrząszcz

kikker
Żaba

eekhoorn
Wiewiórka

egel
Jeż

haas
Zając

uil
Sowa

vogel
Ptak

zwaan
Łabędź

wild zwijn
Dzik

hert
Jeleń

eland
Łoś

stuwdam
Tama

windmolen
Wiatrak

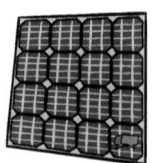

zonnepaneel
Moduł solarny

klimaat
Klimat

restaurant
Restauracja

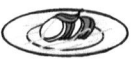

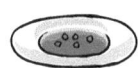

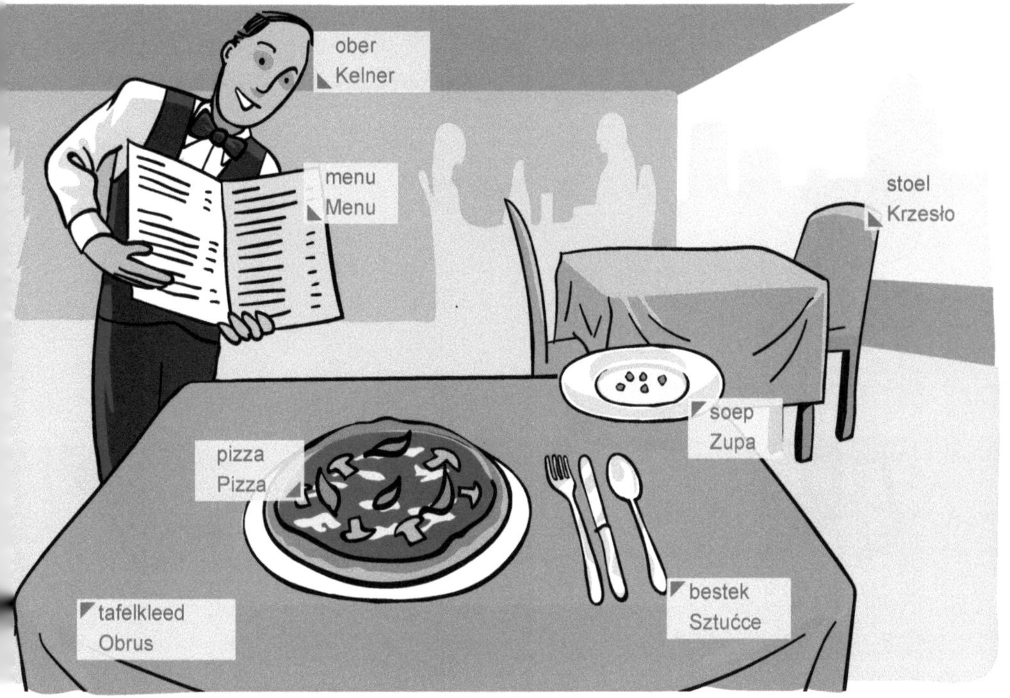
ober
Kelner
menu
Menu
stoel
Krzesło
soep
Zupa
pizza
Pizza
bestek
Sztućce
tafelkleed
Obrus

voorgerecht

Przystawka

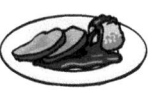

hoofdgerecht

Danie główne

toetje

Deser

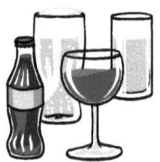

dranken

Napoje

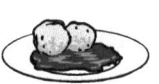

eten

Jedzenie

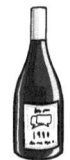

fles

Butelka

fastfood
Fastfood

eetkraampje
Streetfood

theepot
Dzbanek na herbatę

suikerpot
Cukierniczka

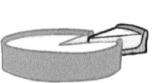

portie
Porcja

espressomachine
Zaparzarka do espresso

kinderstoel
Krzesło dla dziecka

rekening
Rachunek

dienblad
Taca

mes
Nóż

vork
Widelec

lepel
Łyżka

theelepel
Łyżeczka

servet
Serwetka

glas
Szklanka

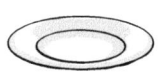

bord

Talerz

soepbord

Talerz do zupy

schotel

Podstawek pod filiżankę

saus

Sos

zoutvaatje

Solniczka

pepermolen

Młynek do pieprzu

azijn

Ocet

olie

Olej

kruiden

Przyprawy

ketchup

Keczup

mosterd

Musztarda

mayonaise

Majonez

supermarkt
Supermarket

aanbieding
Oferta
FOR
klant
Klient
zuivelproducten
Produkty mleczne
fruit
Owoce
winkelwagen
Wózek sklepowy

BUTCHERS

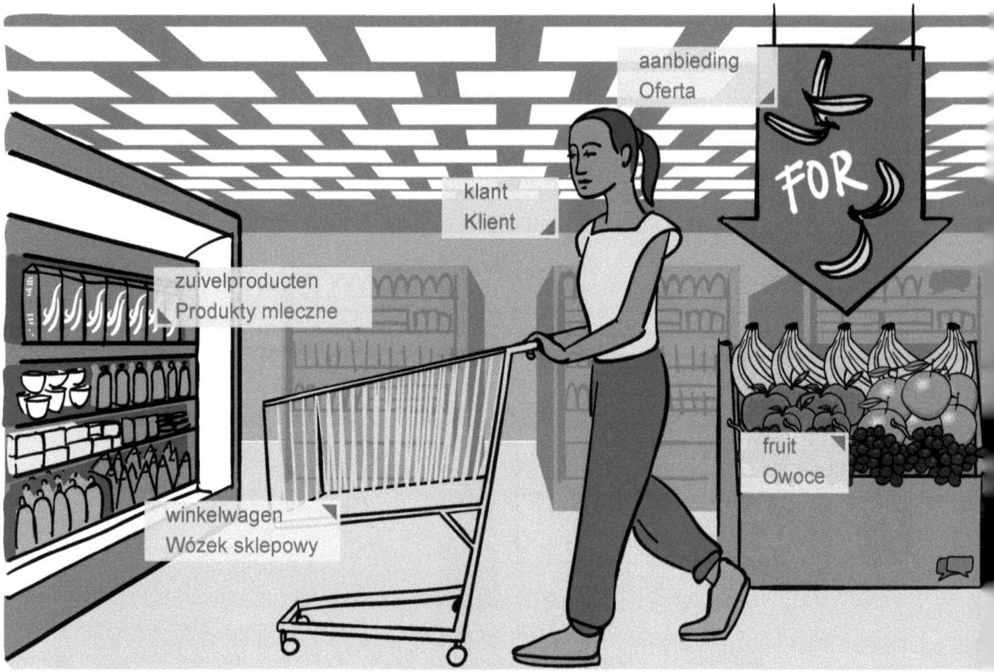

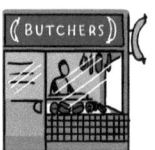

slager
Rzeźnia

BAKERY

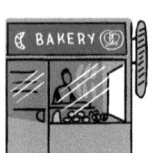

bakkerij
Piekarnia

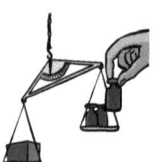

wegen
ważyć

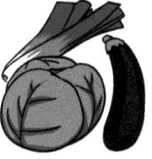

groente
Warzywa

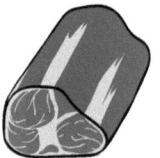

vlees
Mięso

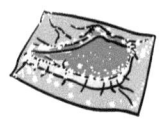

diepvriesproducten
Mrożonki

vleeswaren

Wędliny

conserven

Konserwy

wasmiddel

Proszek m do prania

snoepgoed

Słodycze

huishoudelijke artikelen

Artykuły użytku domowego

schoonmaakmiddel

Środek czyszczący

verkoopster

Sprzedawczyni

kassa

Kasa

kassier

Kasjer

boodschappenlijstje

Lista zakupów

openingstijden

Godziny otwarcia

portefeuille

Portfel

creditkaart

Karta kredytowa

tas

Torba

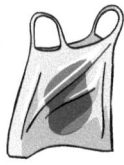

plastic zak

Torebka plastikowa

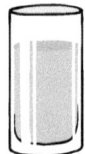

water

Woda

sap

Sok

melk

Mleko

cola

Cola

wijn

Wino

bier

Piwo

alcohol

Alkohol

chocolademelk

Kakao

thee

Herbata

koffie

Kawa

espresso

Espresso

cappuccino

Cappuccino

banaan

Banan

appel

Jabłko

sinaasappel

Pomarańcza

watermeloen

Arbuz

citroen

Cytryna

wortel

Marchew

knoflook

Czosnek

bamboe

Bambus

ui

Cebula

paddenstoel

Grzyb

noten

Orzechy

pasta

Makaron

spaghetti

Spaghetti

rijst

Ryż

salade

Sałatka

friet

Frytki

gebakken aardappelen

Ziemniaki pieczone

pizza

Pizza

hamburger

Hamburger

sandwich

Kanapka

schnitzel

Sznycel

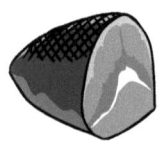

ham

Szynka

salami

Salami

worst

Kiełbasa

kip

Kura

gebraad

Pieczeń

vis

Ryba

havermout

Płatki owsiane

muesli

Musli

cornflakes

Płatki kukurydziane

meel

Mąka

croissant

Croissant

broodjes

Bułka

brood

Chleb

toast

Toast

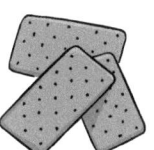

koekjes

Ciastka

boter

Masło

kwark

Twarożek

taart

Ciasto

ei

Jajko

gebakken ei

Jajko sadzone

kaas

Ser

ijs

Lody

suiker

Cukier

honing

Miód

jam

Marmolada

chocoladepasta

Krem nugatowy

kerrie

Curry

eten - Jedzenie

boerderij
Gospodarstwo chłopskie

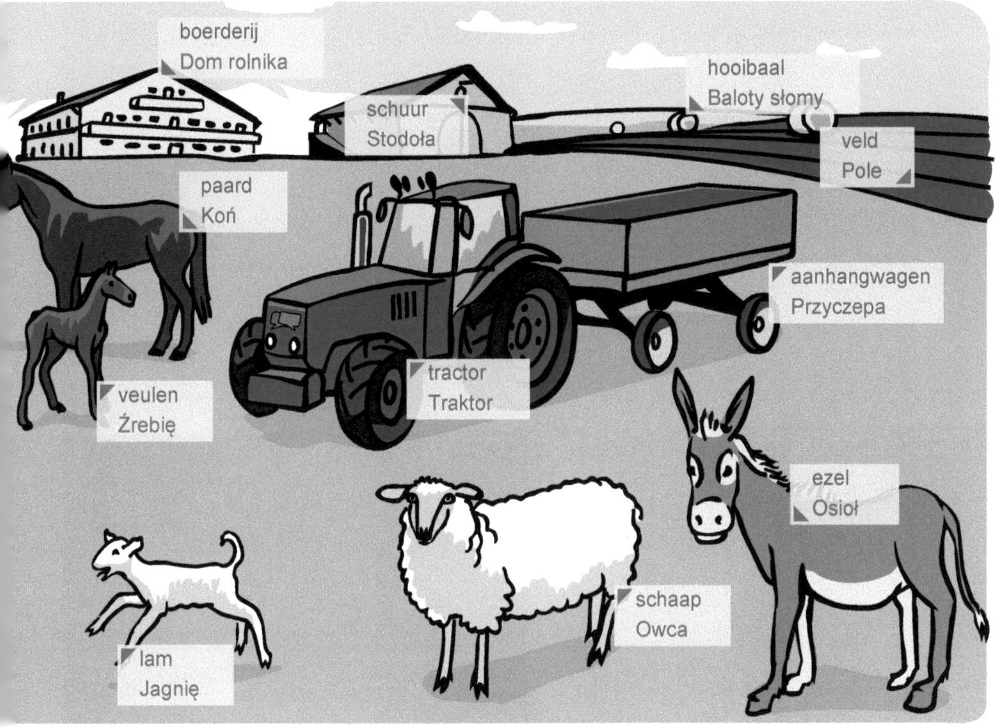
boerderij
Dom rolnika
schuur
Stodoła
hooibaal
Baloty słomy
veld
Pole
paard
Koń
aanhangwagen
Przyczepa
tractor
Traktor
veulen
Źrebię
ezel
Osioł
schaap
Owca
lam
Jagnię

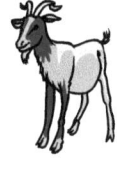

geit
Koza

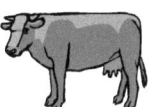

koe
Krowa

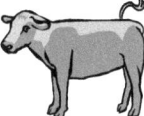

kalf
Cielę

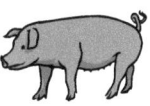

varken
Świnia

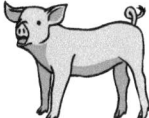

big
Prosię

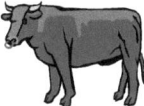

stier
Byk

gans

Gęś

eend

Kaczka

kuiken

Kurczątko

kip

Kura

haan

Kogut

rat

Szczur

kat

Kot

muis

Mysz

os

Osioł

hond

Pies

hondenhok

Buda dla psa

tuinslang

Wąż ogrodowy

gieter

Konewka

zeis

Kosa

ploeg

Pług

sikkel

Sierp

schoffel

Graca

hooivork

Widły

bijl

Siekiera

kruiwagen

Taczka

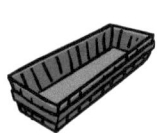

trog

Koryto

melkbus

Kanka na mleko

zak

Worek

hek

Płot

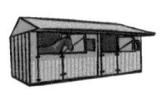

stal

Stajnia

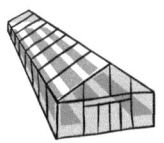

broeikas

Szklarnia

grond

Ziemia

zaad

Nasiona

mest

Nawóz

maaidorser

Kombajn zbożowy

oogsten
zbierać

oogst
Żniwa

yam
Podchrzyn

tarwe
Pszenica

soja
Soja

aardappel
Ziemniak

maïs
Kukurydza

koolzaad
Rzepak

fruitboom
Drzewo owocowe

maniok
Maniok

granen
Zboże

huis
Dom

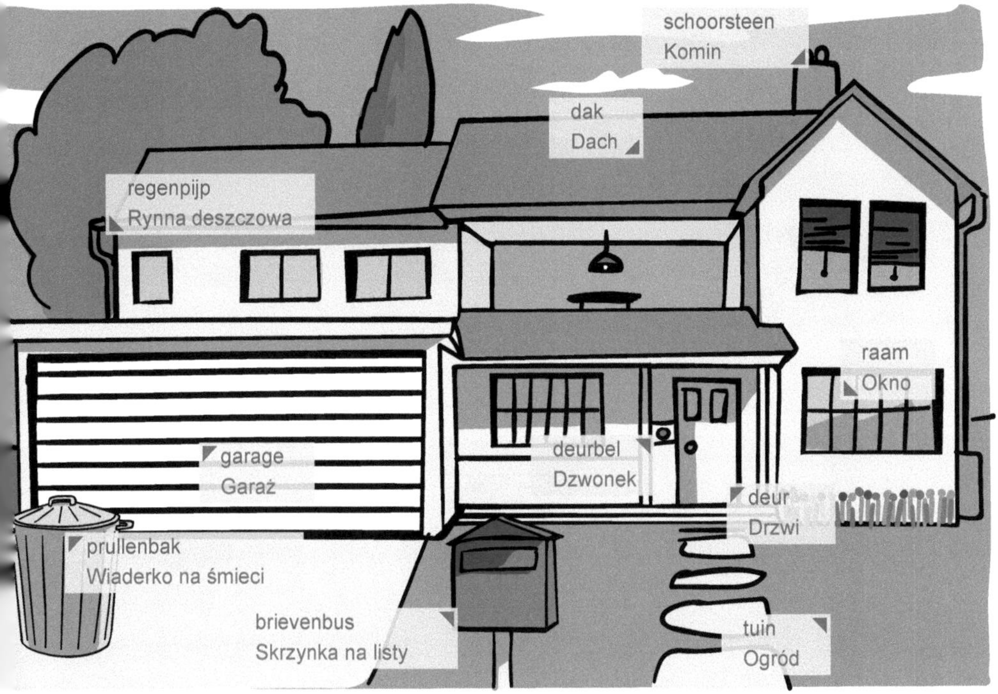
schoorsteen
Komin
dak
Dach
regenpijp
Rynna deszczowa
raam
Okno
garage
Garaż
deurbel
Dzwonek
deur
Drzwi
prullenbak
Wiaderko na śmieci
brievenbus
Skrzynka na listy
tuin
Ogród

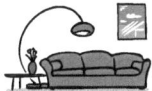

woonkamer
Pokój dzienny

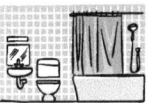

badkamer
Łazienka

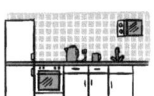

keuken
Kuchnia

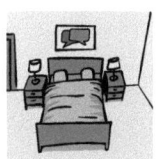

slaapkamer
Sypialnia

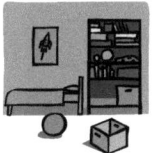

kinderkamer
Pokój dziecięcy

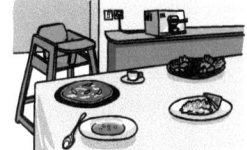

eetkamer
Jadalnia

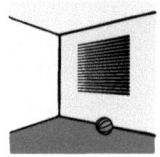

vloer

Ziemia

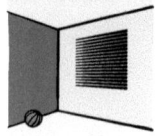

muur

Ściana

plafond

Koc

kelder

Piwnica

sauna

Sauna

balkon

Balkon

terras

Taras

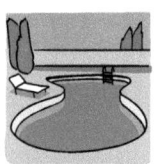

zwembad

Basen

grasmaaier

Kosiarka do trawy

laken

Poszwa

bedsprei

Kołdra

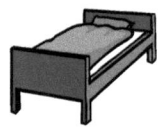

bed

Łóżko

bezem

Miotła

emmer

Wiadro

schakelaar

Włącznik

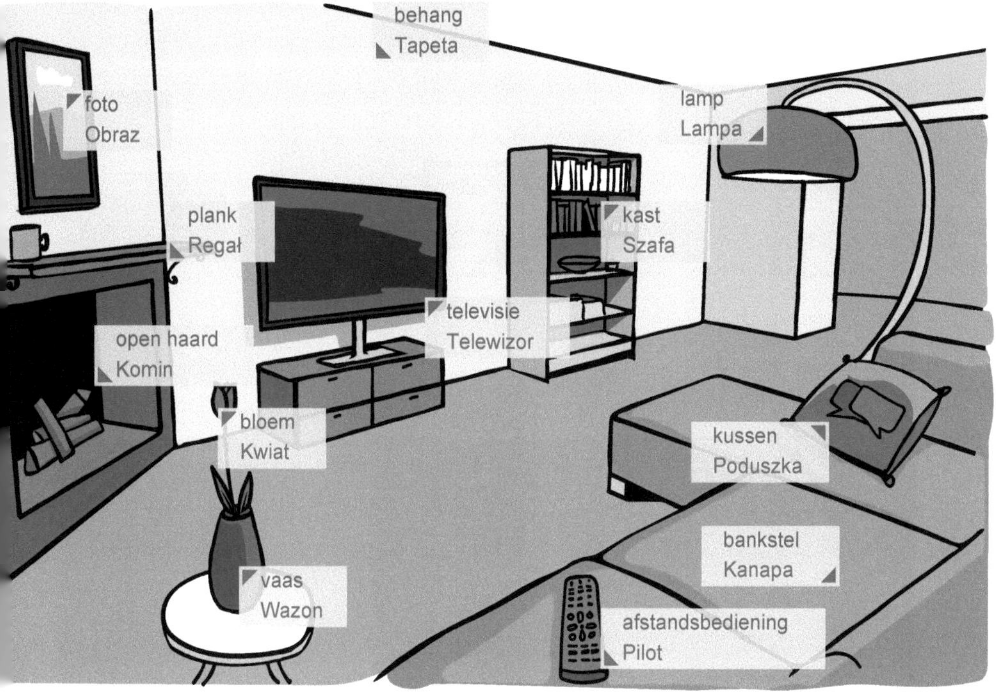

behang
Tapeta

foto
Obraz

lamp
Lampa

plank
Regał

kast
Szafa

open haard
Komin

televisie
Telewizor

bloem
Kwiat

kussen
Poduszka

bankstel
Kanapa

vaas
Wazon

afstandsbediening
Pilot

tapijt

Dywan

gordijn

Zasłona

tafel

Stół

stoel

Krzesło

schommelstoel

Bujak

stoel

Fotel

boek

Książka

deken

Sufit

decoratie

Dekoracja

brandhout

Drewno kominkowe

film

Film

stereo-installatie

Instalacja stereo

sleutel

Klucz

krant

Gazeta

schilderij

Malunek

poster

Plakat

radio

Radio

kladblok

Notatnik

stofzuiger

Odkurzacz

cactus

Kaktus

kaars

Świeczka

koelkast
Lodówka

magnetron
Kuchenka mikrofalowa

keukenweegschaal
Waga kuchenna

toaster
Toster

schoonmaakmiddel
Środek czyszczący

oven
Piekarnik

vriesvak
Przegródka zamrażalnika

prullenbak
Wiaderko na śmieci

vaatwasser
Zmywarka do naczyń

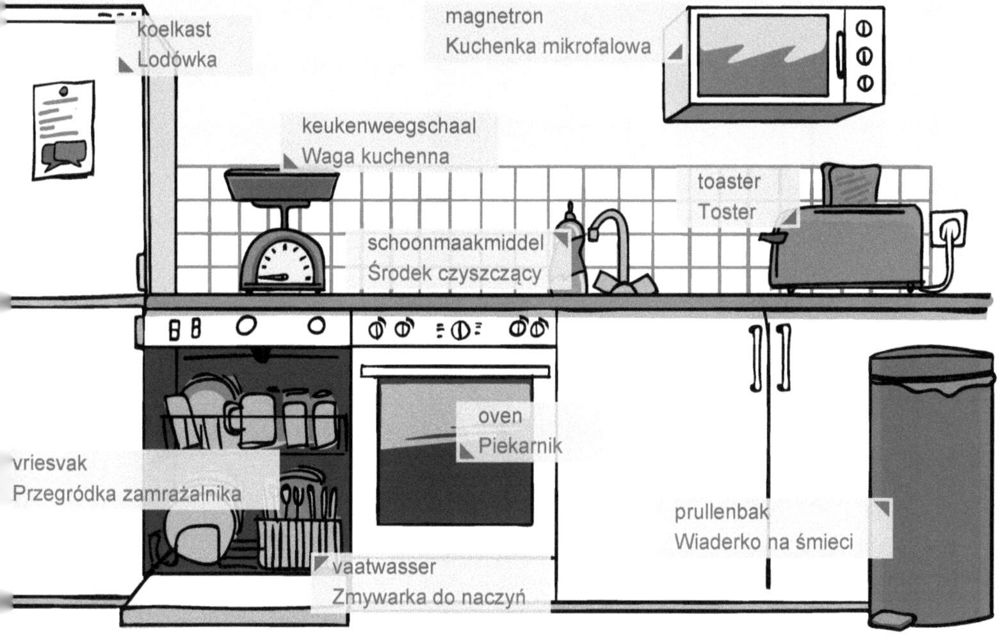

fornuis
Kuchenka

pan
Garnek

gietijzeren pan
Kocioł żeliwny

wok / kadai
Wok / Kadai

koekenpan
Patelnia

ketel
Czajnik

stoomkoker

Parowar

bakplaat

Blacha do pieczenia

servies

Naczynia kuchenne

beker

Kubek

kom

Miska

eetstokjes

Pałeczki

soeplepel

Nabierka

spatel

Łopatka do smażenia

garde

Trzepaczka do śmietany

vergiet

Cedzak

zeef

Sitko

rasp

Tarka

vijzel

Moździerz

barbecue

Grillowanie

vuurhaard

Palenisko

snijplank

Deska

deegroller

Wałek do ciasta

kurkentrekker

Korkociąg

blik

Puszka

blikopener

Otwieracz do puszek

pannenlap

Ściereczka do trzymania
garnka

wasbak

Umywalka

borstel

Szczotka

spons

Gąbka

blender

Mikser

vriezer

Zamrażarka

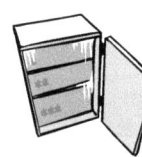

babyflesje

Butelka dla niemowlęcia

kraan

Kran

douche
Prysznic

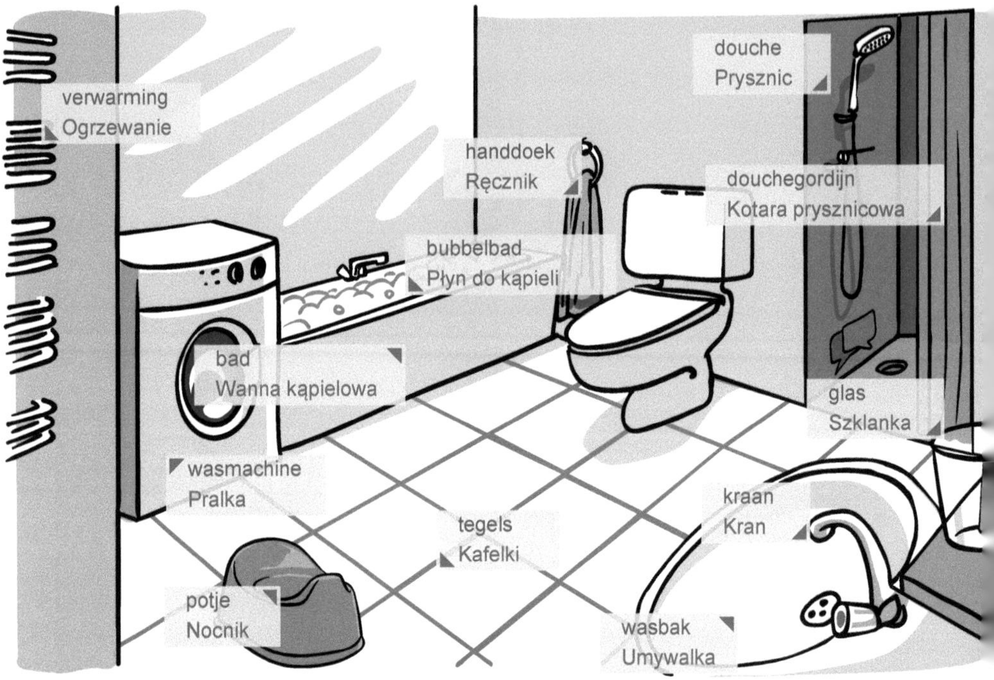

verwarming
Ogrzewanie

handdoek
Ręcznik

douchegordijn
Kotara prysznicowa

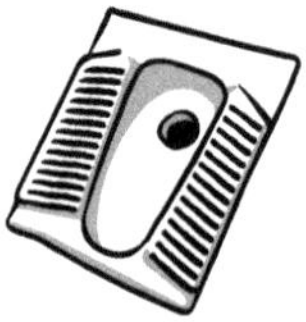

bubbelbad
Płyn do kąpieli

bad
Wanna kąpielowa

glas
Szklanka

wasmachine
Pralka

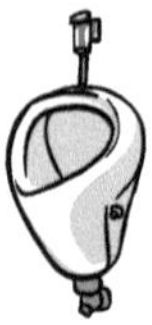

tegels
Kafelki

kraan
Kran

potje
Nocnik

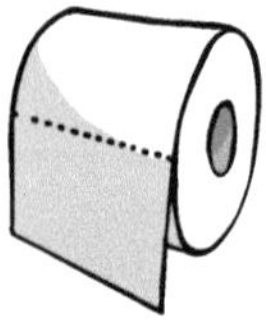

wasbak
Umywalka

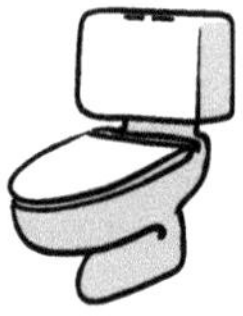

toilet	hurktoilet	bidet
Toaleta	Toaleta kuczna	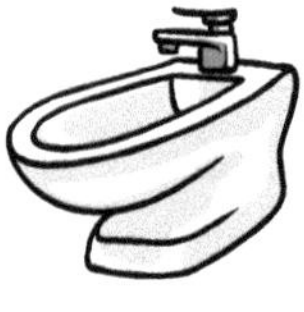 Bidet
urinoir	toiletpapier	toiletborstel
Pisuar	Papier toaletowy	Szczotka toaletowa

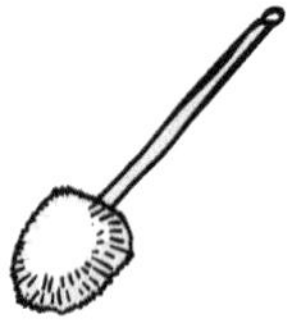

tandenborstel
Szczoteczka do zębów

tandpasta
Pasta do zębów

flosdraad
Nitki do czyszczenia zębów

wassen
myć

handdouche
Głowica prysznicowa

toiletdouche
Płyn kąpielowy do higieny
intymnej

waskom
Miska do mycia

rugborstel
Szczotka kąpielowa

zeep
Mydło

douchegel
Żel prysznicowy

shampoo
Szampon

washanje
Rękawica kąpielowa

afvoer
Odpływ

creme
Krem

deodorant
Dezodorant

spiegel

Lustro

make-upspiegel

Lustro kosmetyczne

scheermes

Golarka

scheerschuim

Pianka do golenia

aftershave

Woda po goleniu

kam

Grzebień

borstel

Szczotka

haardroger

Suszarka do włosów

haarspray

Spray do włosów

make-up

Makijaż

lippenstift

Pomadka

nagellak

Lakier do paznokci

watten

Wata

nagelschaartje

Nożyczki do paznokci

parfum

Perfum

toilettas

Kosmetyczka

kruk

Taboret

weegschaal

Waga

badjas

Szlafrok kąpielowy

rubber handschoenen

Rękawice gumowe

tampon

Tampon

maandverband

Podpaska damska

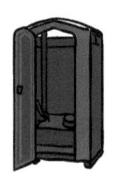

chemisch toilet

Toaleta chemiczna

kinderkamer

Pokój dziecięcy

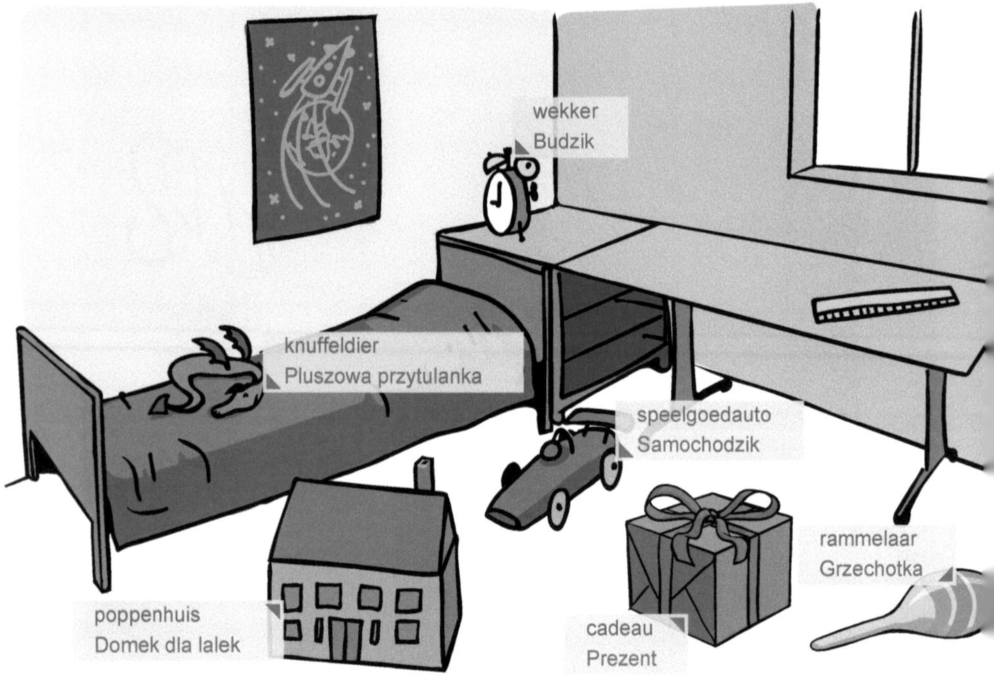
wekker
Budzik
knuffeldier
Pluszowa przytulanka
speelgoedauto
Samochodzik
rammelaar
Grzechotka
poppenhuis
Domek dla lalek
cadeau
Prezent

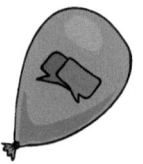

ballon
Balon

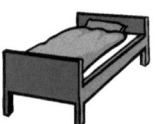

bed
Łóżko

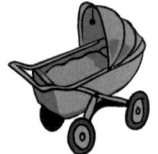

kinderwagen
Wózek dziecięcy

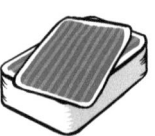

kaartspel
Gra w karty

puzzel
Puzzle

SUPER
MEGA

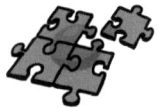

stripverhaal
Komiks

legostenen

Klocki lego

speelgoedblokken

Klocki

actiefiguurtje

Action figura

romper

Śpioszek dziecięcy

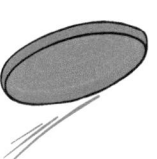

frisbee

Frisbee

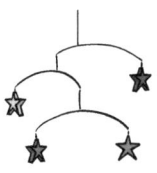

mobile

Zabawki ruchome

bordspel

Gra planszowa

dobbelsteen

Kości

modeltrein

Kolejka elektryczna

speen

Smoczek

feestje

Przyjęcie

prentenboek

Książka z ilustracjami

bal

Piłka

pop

Lalka

spelen

bawić się

zandbak

Piaskownica

schommel

Huśtawka

speelgoed

Zabawki

spelcomputer

Konsola do gier

driewieler

Rowerek trójkołowy

teddybeer

Pluszowy miś

kleerkast

Szafa ubraniowa

kleding

Ubiór

sokken

Skarpety

kousen

Pończochy

panty

Rajstopy

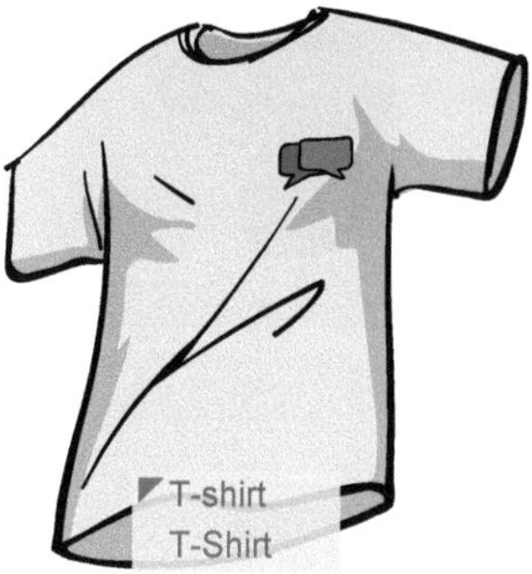

sjaal
Szal

riem
Pasek

paraplu
Parasol

T-shirt
T-Shirt

laarzen
Kozaki

pantoffels
Pantofle domowe

sportschoenen
Obuwie sportowe

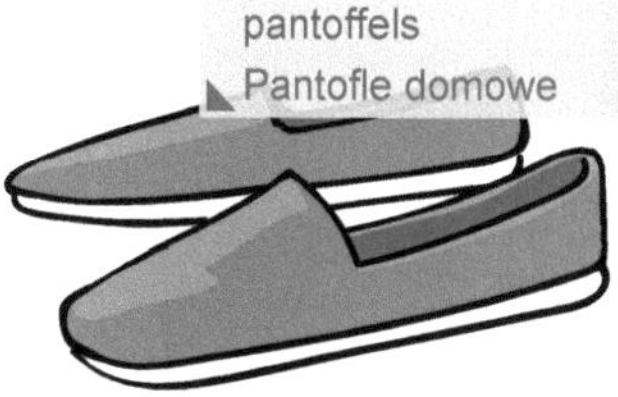

sandalen
Sandały

schoenen
Buty

rubberlaarzen
Kalosze

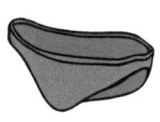

onderbroek
Majtki

beha
Biustonosz

onderhemd
Podkoszulek

body
Body

broek
Spodnie

spijkerbroek
Dżins

rok
Spódnica

blouse
Bluzka

overhemd
Koszula

trui
Pulower

hoody
Bluza sportowa

blazer
Marynarka

jas
Kurtka

mantel
Płaszcz

regenjas
Płaszcz przeciwdeszczowy

kostuum
Kostium

jurk
Sukienka

trouwjurk
Suknia ślubna

pak

Garnitur męski

nachthemd

Koszula nocna

pyjama

Piżama

sari

Sari

hoofddoek

Chusta na głowę

tulband

Turban

boerka

Burka

kaftan

Kaftan

abaja

Abaya

zwempak

Strój kąpielowy

zwembroek

Kąpielówki

korte broek

Krótkie spodnie

trainingspak

Dres sportowy

schort

Fartuch

handschoenen

Rękawiczki

knoop

Guzik

bril

Okulary

armband

Bransoletka

ketting

Łańcuszek

ring

Pierścionek

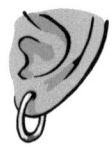

oorbel

Kolczyk

pet

Czapka

kledinghanger

Wieszak

hoed

Kapelusz

stropdas

Krawat

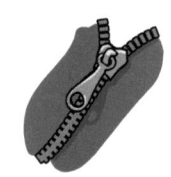

rits

Zamek błyskawiczny

helm

Kask

bretels

Szelki

schooluniform

Mundurek szkolny

uniform

Mundur

slabbetje
Śliniaczek

speen
Smoczek

luier
Pieluszka

kantoor
Biuro

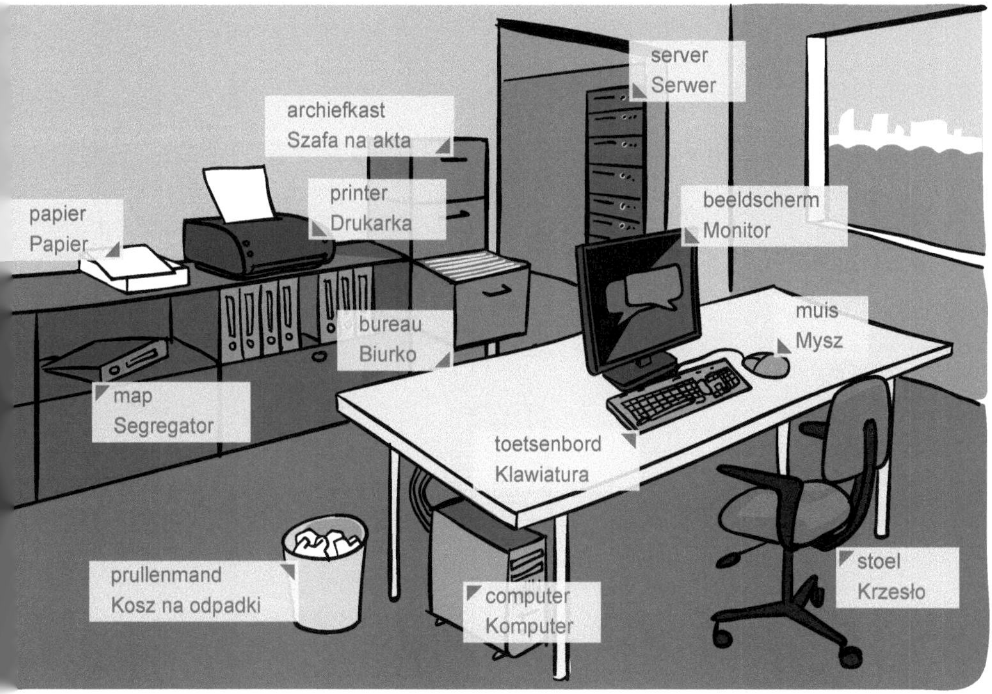

server
Serwer

archiefkast
Szafa na akta

printer
Drukarka

beeldscherm
Monitor

papier
Papier

bureau
Biurko

muis
Mysz

map
Segregator

toetsenbord
Klawiatura

prullenmand
Kosz na odpadki

computer
Komputer

stoel
Krzesło

koffiemok
Filiżanka do kawy

rekenmachine
Kalkulator

internet
Internet

laptop

Laptop

brief

List

bericht

Wiadomość

mobiele telefoon

Komórka

netwerk

Sieć

kopieermachine

Kopiarka

software

Oprogramowanie

telefoon

Telefon

stopcontact

Gniazdko

fax

Faks

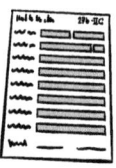

formulier

Formularz

document

Dokument

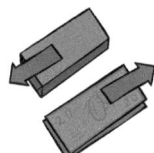

kopen

kupić

betalen

płacić

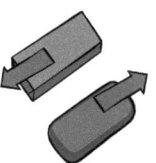

handel drijven

postępować

geld

Pieniądze

USD

dollar

Dolar

EUR

euro

Euro

JPY

yen

Jen

RUB

roebel

Rubel

CHF

Zwitserse frank

Frank

CNY

renminbi yuan

Juan Renminbi

INR

roepie

Rupia

geldautomaat

Bankomat

wisselkantoor

Kantor wymiany walut

goud

Złoto

zilver

Srebro

olie

Olej

energie

Energia

prijs

Cena

contract

Umowa

belasting

Podatek

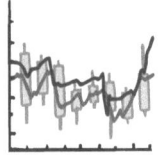

aandeel

Akcja

werken

pracować

werknemer

Pracownik umysłowy

werkgever

Pracodawca

fabriek

Fabryka

winkel

Sklep

beroepen
Zawody

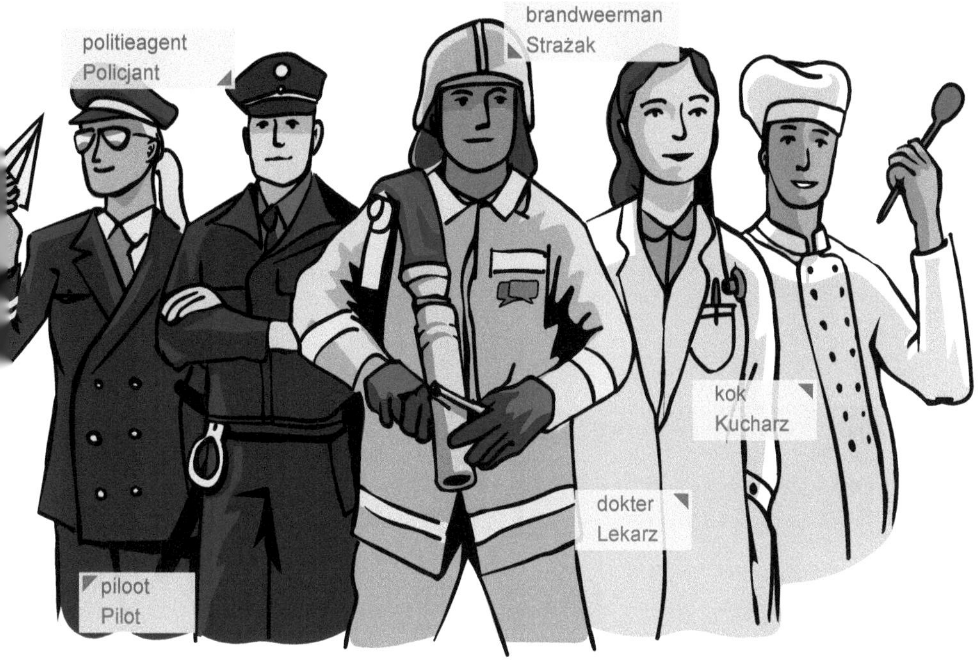
politieagent
Policjant
brandweerman
Strażak
kok
Kucharz
dokter
Lekarz
piloot
Pilot

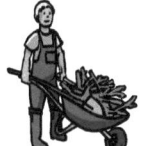

tuinman

Ogrodnik

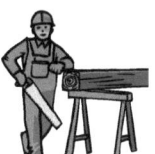

timmerman

Stolarz

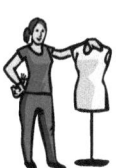

naaister

Krawcowa

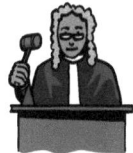

rechter

Sędzia

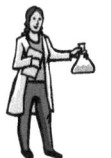

scheikundige

Chemik

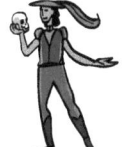

toneelspeler

Aktor

buschauffeur

Kierowca autobusu

taxichauffeur

Taksówkarz

visser

Fischer

schoonmaakster

Sprzątaczka

dakdekker

Dekarz

ober

Kelner

jager

Myśliwy

schilder

Malarz

bakker

Piekarz

elektricien

Elektryk

bouwvakker

Robotnik budowlany

ingenieur

Inżynier

slager

Rzeźnik

loodgieter

Instalator

postbode

Listonosz

soldaat

Żołnierz

architect

Architekt

kassier

Kasjer

bloemist

Florysta

kapper

Fryzjer

conducteur

Konduktor

monteur

Mechanik

kapitein

Kapitan

tandarts

Dentysta

wetenschapper

Naukowiec

rabbi

Rabin

imam

Imam

monnik

Mnich

pastoor

Proboszcz

gereedschap

Narzędzia

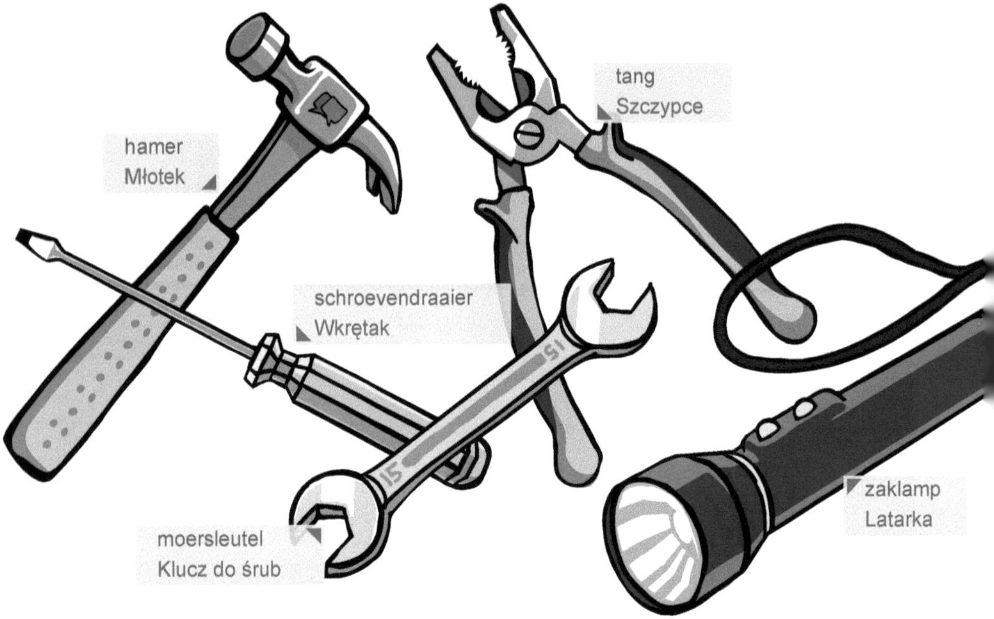
hamer
Młotek
tang
Szczypce
schroevendraaier
Wkrętak
moersleutel
Klucz do śrub
zaklamp
Latarka

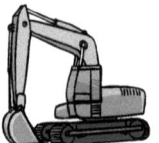

graafmachine

Koparka

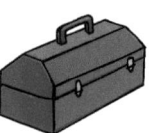

gereedschapskist

Skrzynka narzędziowa

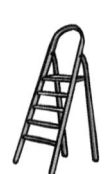

ladder

Drabina

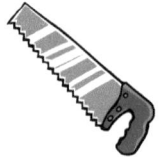

zaag

Piła

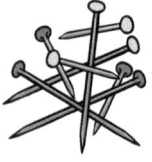

spijkers

Gwoździe

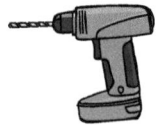

boor

Wiertło

repareren
naprawić

schep
Łopatka

Verdorie!
Cholera!

stofblik
Szufelka

verfpot
Puszka z farbą

schroeven
Śruby

muziekinstrumenten
Instrumenty muzyczne

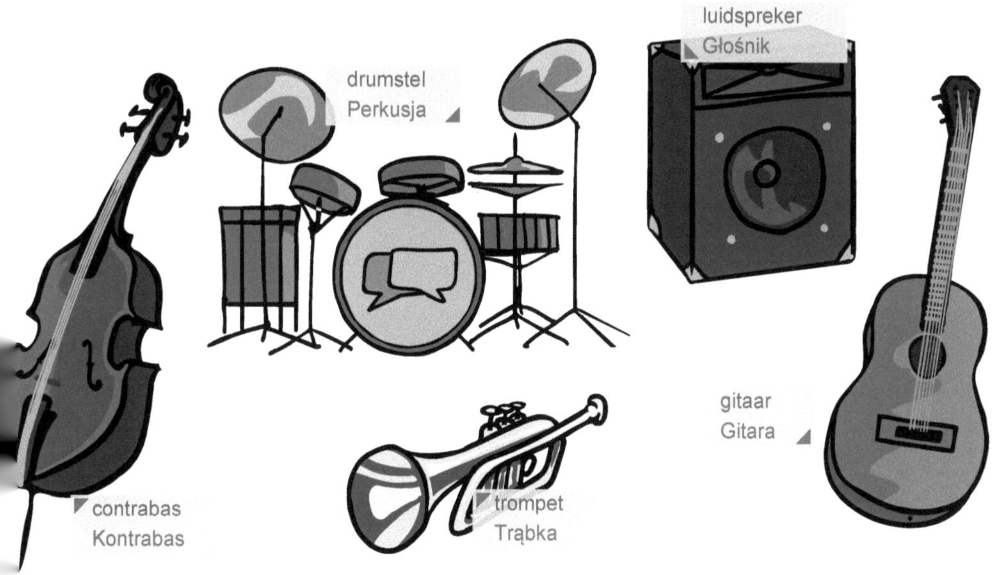

luidspreker
Głośnik

drumstel
Perkusja

gitaar
Gitara

contrabas
Kontrabas

trompet
Trąbka

piano

Pianino

viool

Skrzypce

bas

Bas

pauk

Kotły

trommel

Bęben

keyboard

Keyboard

saxofoon

Saksofon

fluit

Flet

microfoon

Mikrofon

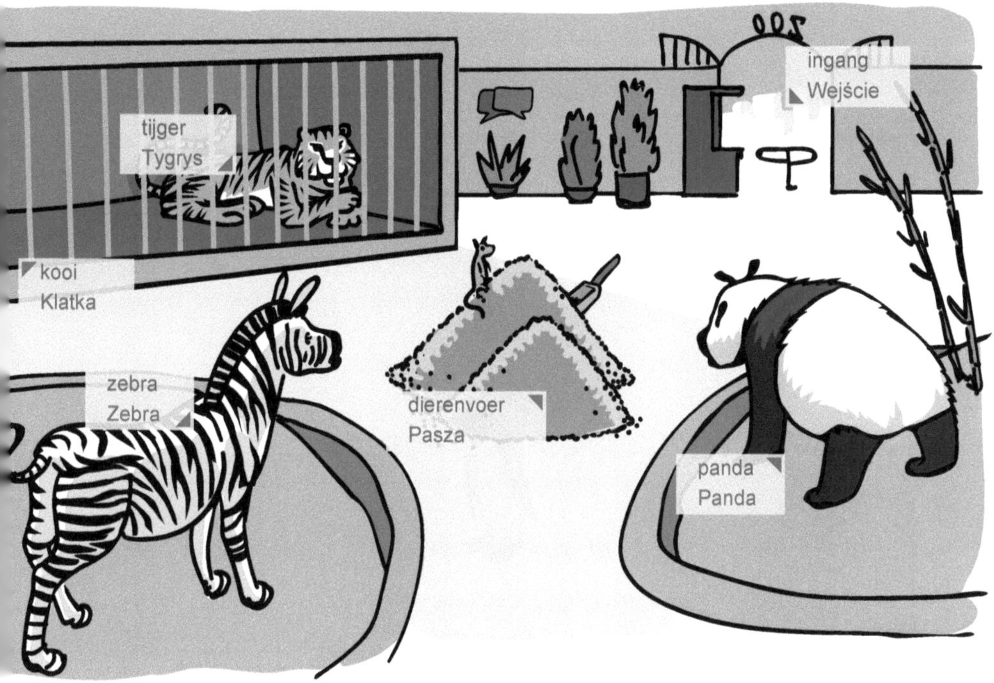

ingang
Wejście

tijger
Tygrys

kooi
Klatka

zebra
Zebra

dierenvoer
Pasza

panda
Panda

dieren
Zwierzęta

olifant
Słoń

kangoeroe
Kangur

neushoorn
Nosorożec

gorilla
Goryl

beer
Niedźwiedź

kameel

Wielbłąd

struisvogel

Struś

leeuw

Lew

aap

Małpa

flamingo

Fleming

papegaai

Papuga

ijsbeer

Niedźwiedź polarny

pinguïn

Pingwin

haai

Rekin

pauw

Paw

slang

Wąż

krokodil

Krokodyl

dierenverzorger

Dozorca w zoo

zeehond

Foka

jaguar

Jaguar

dierentuin - Zoo

pony

Kucyk

luipaard

Gepard

nijlpaard

Hipopotam

giraffe

Żyrafa

adelaar

Orzeł

wild zwijn

Dzik

vis

Ryba

schildpad

Żółw

walrus

Mors

vos

Lis

gazelle

Gazela

American football
Futbol amerykański

wielrennen
Kolarstwo

tennis
Tenis

basketbal
Koszykówka

zwemmen
Pływanie

boksen
Boks

ijshockey
Hokej na lodzie

voetbal
Piłka nożna

badminton
Badminton

atletiek
Lekka atletyka

handbal
Piłka ręczna

skiën
Narciarstwo

polo
Polo

springen
skakać

knuffelen
objąć

lachen
śmiać się

lopen
iść

zingen
śpiewać

dromen
marzyć

bidden
modlić się

kussen
całować

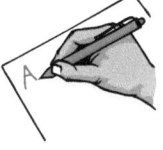

schrijven
pisać

tekenen
rysować

tonen
pokazywać

duwen
nacisnąć

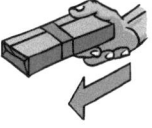

geven
dać

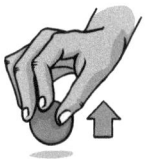

oppakken
wziąć

hebben

mieć

doen

robić

zijn

być

staan

stać

rennen

biegać

trekken

ciągnąć

gooien

rzucać

vallen

spaść

liggen

leżeć

wachten

czekać

dragen

nosić

zitten

siedzieć

aankleden

zakładać

slapen

spać

wakker worden

budzić się

bekijken

spojrzeć

huilen

płakać

strelen

głaskać

kammen

czesać się

praten

mówić

begrijpen

rozumieć

vragen

pytać

horen

słyszeć

drinken

pić

eten

jeść

opruimen

sprzątać

houden van

kochać

koken

gotować

rijden

jechać

vliegen

latać

zeilen

żeglować

rekenen

liczyć

lezen

czytać

leren

uczyć się

werken

pracować

trouwen

wejść w związek małżeński

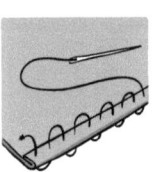

naaien

szyć

tandenpoetsen

myć zęby

doden

zabić

roken

palić tytoń

verzenden

wysłać

grootmoeder
Babcia

grootvader
Dziadek

vader
Ojciec

moeder
Matka

baby
Niemowlę

dochter
Córka

zoon
Syn

gast

Gość

tante

Ciotka

oom

Wujek

broer

Brat

zus

Siostra

lichaam
Ciało

voorhoofd
Czoło
oog
Oko
schouder
Ramię
vinger
Palec
gezicht
Twarz
kin
Broda
hand
Ręka
been
Noga
borst
Pierś
arm
Ramię

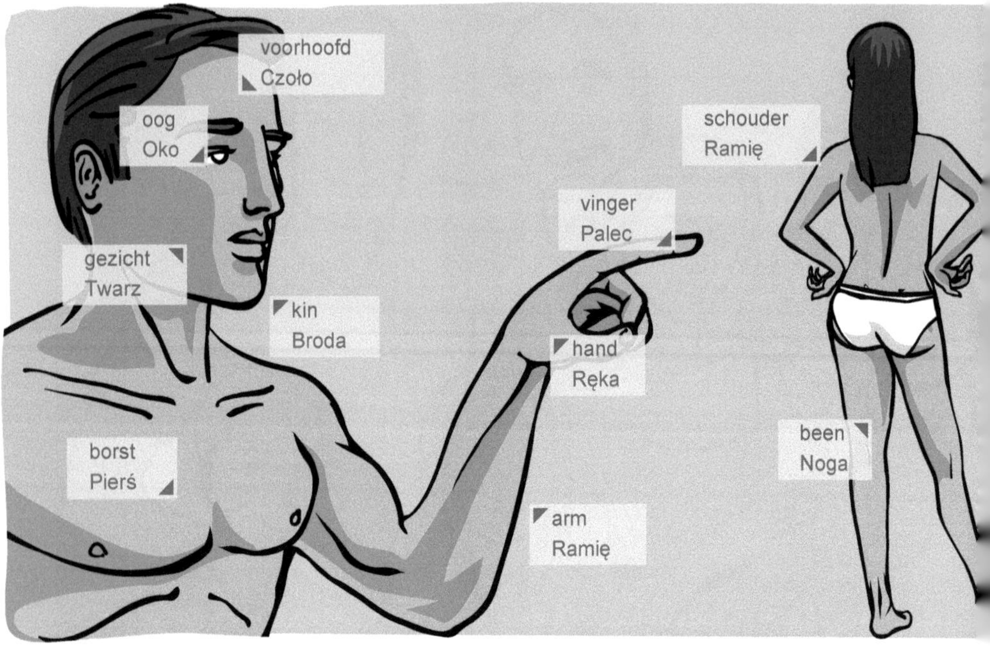

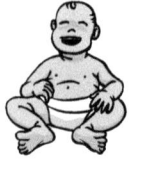

baby
Niemowlę

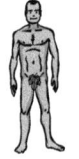

man
Mężczyzna

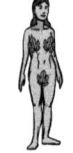

vrouw
Kobieta

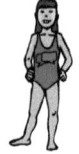

meisje
Dziewczyna

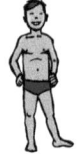

jongen
Chłopiec

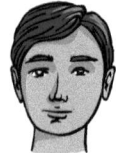

hoofd
Głowa

rug

Plecy

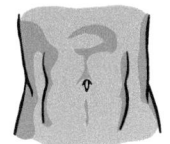

buik

Brzuch

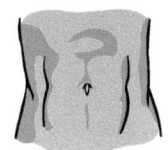

navel

Pępek

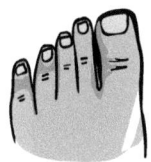

teen

palec nogi

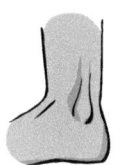

hiel

Pięta

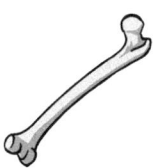

bot

Kość

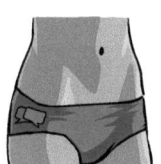

heup

Biodro

knie

Kolano

elleboog

Łokieć

neus

Nos

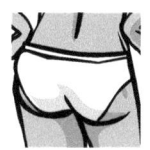

achterwerk

Pośladki

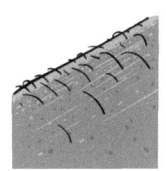

huid

Skóra

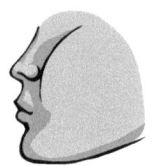

wang

Policzek

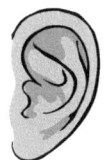

oor

Uszy

lippen

Warga

mond
....
Usta

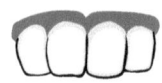

tand
....
Ząb

tong
....
Język

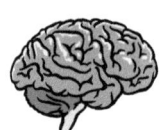

hersenen
....
Mózg

hart
....
Serce

spier
....
Mięsień

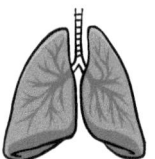

long
....
Płuca

lever
....
Wątroba

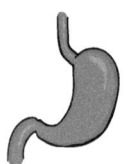

maag
....
Żołądek

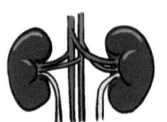

nieren
....
Nerki

geslachtsgemeenschap
....
Stosunek płciowy

condoom
....
Kondom

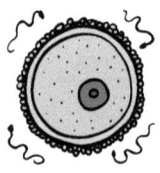

eicel
....
Komórka jajowa

sperma
....
Sperma

zwangerschap
....
Ciąża

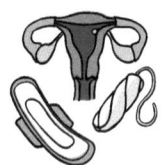

menstruatie

Menstruacja

vagina

Wagina

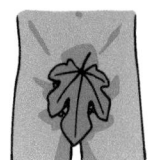

penis

Penis

wenkbrauw

Brew

haar

Włosy

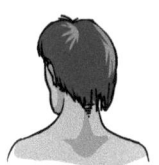

hals

Szyja

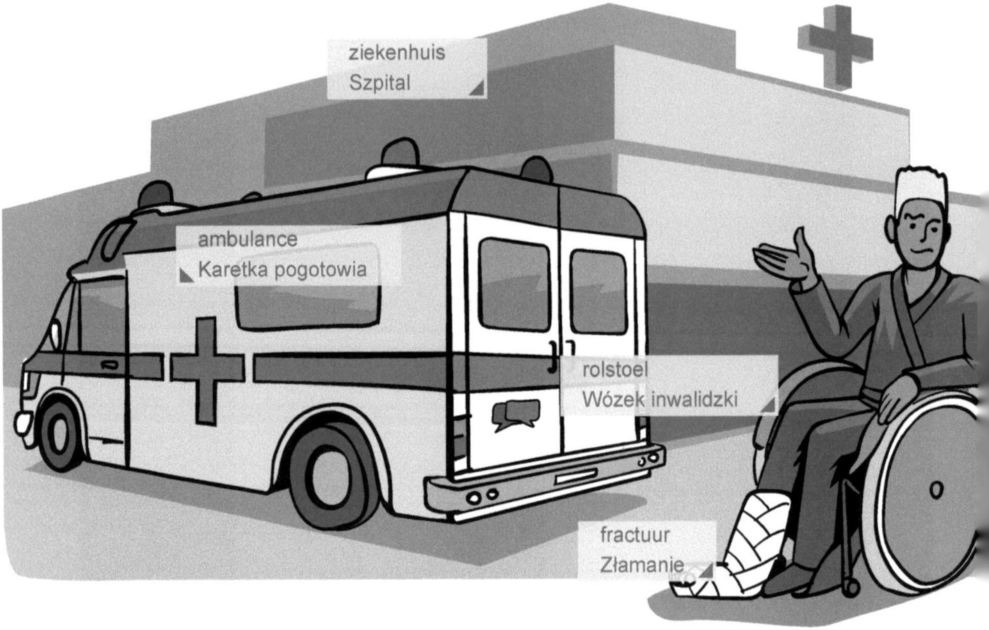

ziekenhuis
Szpital

ambulance
Karetka pogotowia

rolstoel
Wózek inwalidzki

fractuur
Złamanie

dokter

Lekarz

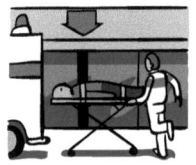

EHBO

Izba przyjęć

verpleegster

Pielęgniarka

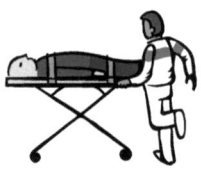

noodgeval

Nagły przypadek

bewusteloos

nieprzytomny

pijn

Ból

verwonding

Skaleczenie

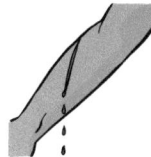

bloeding

Krwawienie

hartaanval

Zawał serca

beroerte

Udar mózgu

allergie

Alergia

hoest

Kaszleć

koorts

Gorączka

griep

Grypa

diarree

Biegunka

hoofdpijn

Ból głowy

kanker

Rak

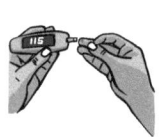

diabetes

Cukrzyca

chirurg

Chirurg

scalpel

Skalpel

operatie

Operacja

CT
CT

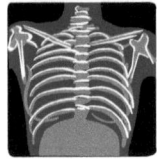

röntgen
Rentgen

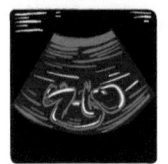

echografie
Ultradźwięki

gezichtsmasker
Maska

ziekte
Choroba

wachtkamer
Poczekalnia

kruk
Kula

pleister
Plaster

verband
Opatrunek

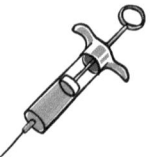

injectie
Iniekcja

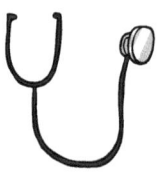

stethoscoop
Stetoskop

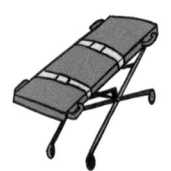

brancard
Nosze

thermometer
Termometr

geboorte
Poród

overgewicht
Nadwaga

gehoorapparaat

Aparat słuchowy

ontsmettingsmiddel

Środek dezynfekcyjny

infectie

Infekcja

virus

Wirus

HIV / AIDS

HIV / AIDS

medicijn

Medycyna

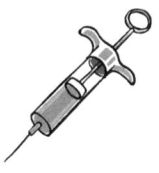

inenting

Szczepienie

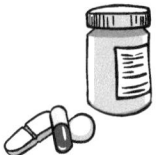

tabletten

Tabletki

pil

Pigułka

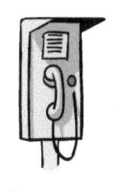

alarmnummer

Telefon ratunkowy

bloeddrukmeter

Ciśnieniomierz krwi

ziek / gezond

chory / zdrowy

Help!

Pomocy!

alarm

Alarm

overval

Napad

aanval

Atak

gevaar

Niebezpieczeństwo

nooduitgang

Wyjście awaryjne

Brand!

Pożar!

brandblusser

Gaśnica

ongeluk

Wypadek

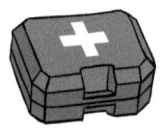

EHBO-koffer

Walizeczka pierwszej
pomocy

SOS

SOS

politie

Policja

Europa

Europa

Noord-Amerika

Ameryka Północna

Zuid-Amerika

Ameryka Południowa

Afrika

Afryka

Azië

Azja

Australië

Australia

Atlantische Oceaan

Atlantyk

Stille Oceaan

Pacyfik

Indische Oceaan

Ocean Indyjski

Zuidelijke Oceaan

Ocean Antarktyczny

Noordelijke IJszee

Ocean Arktyczny

Noordpool

Biegun północny

Zuidpool

Biegun południowy

Antarctica

Antarktyda

aarde

Ziemia

land

Kraj

zee

Morze

eiland

Wyspa

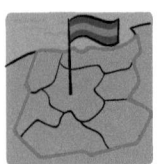

natie

Naród

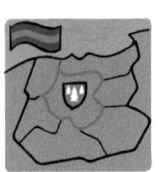

staat

Państwo

wijzerplaat

Cyferblat

uurwijzer

Wskazówka godzinowa

minutenwijzer

Wskazówka minutowa

secondewijzer

skazówka sekundowa

Hoe laat is het?

Która godzina?

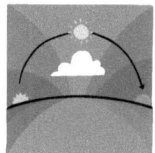

dag

Dzień

tijd

Czas

nu

teraz

digitaal horloge

Zegarek digitalny

minuut

Minuta

uur

Godzina

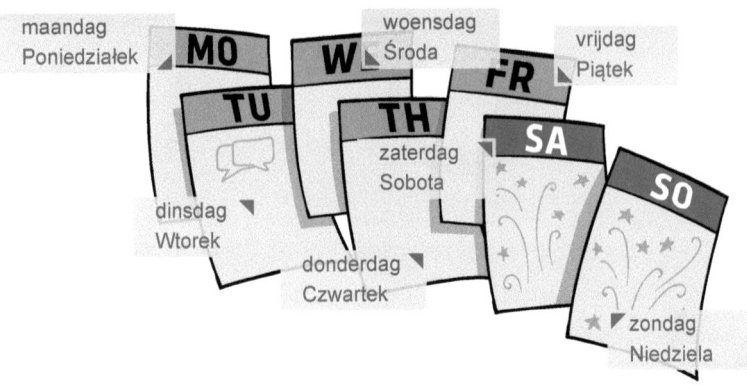

maandag
Poniedziałek

woensdag
Środa

vrijdag
Piątek

zaterdag
Sobota

dinsdag
Wtorek

donderdag
Czwartek

zondag
Niedziela

gisteren
....
wczoraj

vandaag
....
dzisiaj

morgen
....
jutro

ochtend
....
Rano

middag
....
Południe

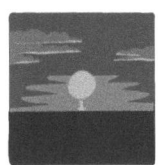

avond
....
Wieczór

MO	TU	WE	TH	FR	SA	SU
1	2	3	4	5	6	7
8	9	10	11	12	13	14
15	16	17	18	19	20	21
22	23	24	25	26	27	28
29	30	31	1	2	3	4

werkdagen
....
Dni robocze

MO	TU	WE	TH	FR	SA	SU
1	2	3	4	5	6	7
8	9	10	11	12	13	14
15	16	17	18	19	20	21
22	23	24	25	26	27	28
29	30	31	1	2	3	4

weekend
....
Weekend

jaar
Rok

regen
Deszcz
regenboog
Tęcza
wind
Wiatr
sneeuw
Śnieg
voorjaar
Wiosna
zomer
Lato
herfst
Jesień
winter
Zima

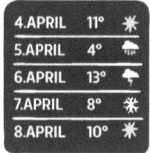

4.APRIL 11°
5.APRIL 4°
6.APRIL 13°
7.APRIL 8°
8.APRIL 10°

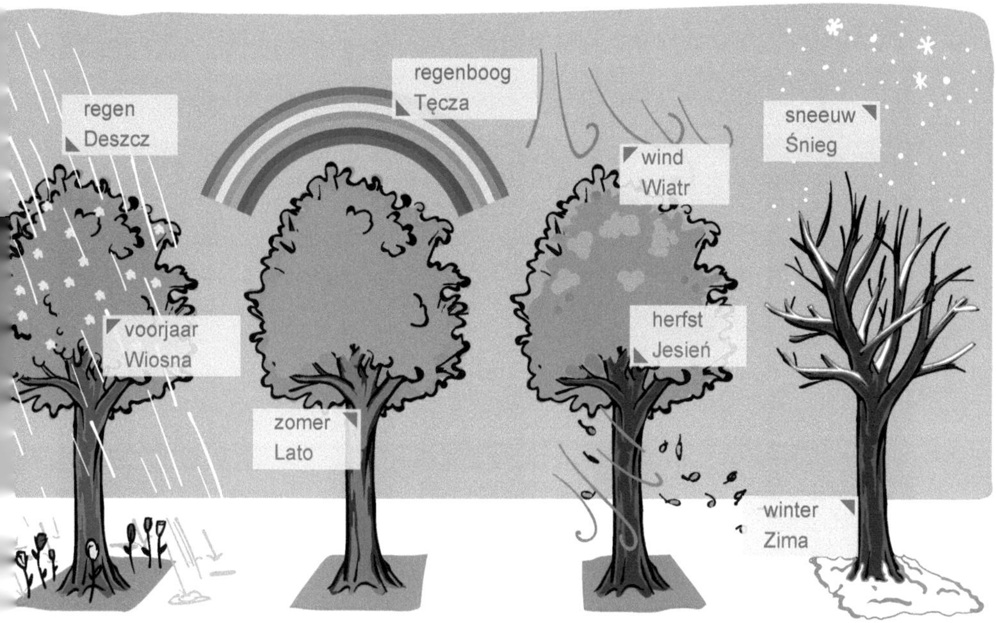

weerbericht
Prognoza pogody

F
C
120
90
60
30
0
-30
40
30
20
10
0
-10
-20

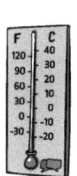

thermometer
Termometr

zonneschijn
Światło słoneczne

wolk
Chmura

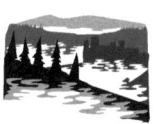

mist
Mgła

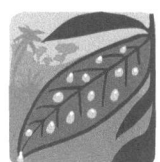

luchtvochtigheid
Wilgotność powietrza

bliksem

Błyskawica

donder

Grzmot

storm

Sztorm

hagel

Grad

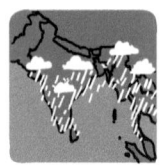

moesson

Monsun

overstroming

Potop

ijs

Lód

januari

Styczeń

februari

Luty

maart

Marzec

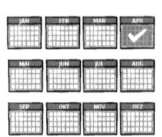

april

Kwiecień

mei

Maj

juni

Czerwiec

juli

Lipiec

augustus

Sierpień

september
....
Wrzesień

oktober
....
Październik

november
....
Listopad

december
....
Grudzień

vormen
Kształty

cirkel
....
Koło

vierkant
....
Kwadrat

rechthoek
....
Prostokąt

driehoek
....
Trójkąt

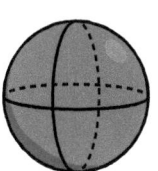

bol
....
Kula

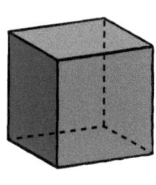

kubus
....
Sześcian

kleuren
Kolory

wit
....
biały

geel
....
żółty

oranje
....
pomarańczowy

roze
....
różowy

rood
....
czerwony

paars
....
liliowy

blauw
....
niebieski

groen
....
zielony

bruin
....
brązowy

grijs
....
szary

zwart
....
czarny

veel / weinig

dużo / mało

boos / rustig

wściekły / spokojny

mooi / lelijk

piękny / brzydki

begin / einde

początek / koniec

groot / klein

duży / mały

licht / donker

jasny / ciemny

broer / zus

brat / siostra

schoon / vies

czysty / brudny

volledig / onvolledig

kompletny / niekompletny

dag/ nacht

dzień / noc

dood / levend

umarły / żywy

breed / smal

szeroki / wąski

eetbaar / oneetbaar

jadalny / niejadalny

gemeen / aardig

zły / uprzejmy

opgewonden / verveeld

podniecony / znudzony

dik / dun

gruby / chudy

eerste / laatste

najpierw / na końcu

vriend / vijand

przyjaciel / wróg

vol / leeg

pełen / pusty

hard / zacht

twardy / miękki

zwaar / licht

ciężki / lekki

honger / dorst

głód / pragnienie

ziek / gezond

chory / zdrowy

illegaal / legaal

nielegalny / legalny

intelligent / dom

inteligentny / głupi

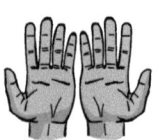

links / rechts

lewo / prawo

dichtbij / ver

bliski / daleki

nieuw / gebruikt

nowy / używany

niets / iets

nic / coś

oud / jong

stary / młody

aan / uit

włącz / wyłącz

open / gesloten

otwarty / zamknięty

zacht / luid

cichy / głośny

rijk / arm

bogaty / biedny

goed / fout

prawidłowy / błędny

ruw / glad

chropowaty / gładki

verdrietig / gelukkig

smutny / szczęśliwy

kort / lang

krótki / długi

langzaam / snel

powolny / szybki

nat / droog

mokry/suchy

warm / koel

ciepły / chłodny

oorlog / vrede

wojna / pokój

0

nul
....
zero

1

één
....
jeden

2

twee
....
dwa

3

drie
....
trzy

4

vier
....
cztery

5

vijf
....
pięć

6

zes
....
sześć

7

zeven
....
siedem

8

acht
....
osiem

9

negen
....
dziewięć

10

tien
....
dziesięć

11

elf
....
jedenaście

12
twaalf

dwanaście

13
dertien

trzynaście

14
veertien

czternaście

15
vijftien

piętnaście

16
zestien

szesnaście

17
zeventien

siedemnaście

18
achttien

osiemnaście

19
negentien

dziewiętnaście

20
twintig

dwadzieścia

100
honderd

sto

1.000
duizend

tysiąc

1.000.000
miljoen

milion

Engels

Angielski

Amerikaans Engels

Angielski amerykański

Chinees Mandarijn

Chiński mandaryński

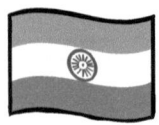

Hindi

Hindi

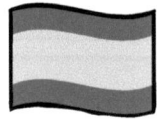

Spaans

Hiszpański

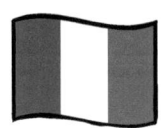

Frans

Francuski

Arabisch

Arabski

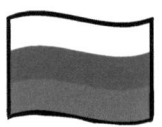

Russisch

Rosyjski

Portugees

Portugalski

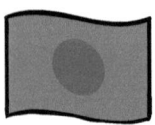

Bengalees

Bengalski

Duits

Niemiecki

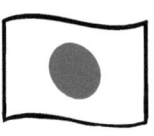

Japans

Japoński

ik
ja

jij
ty

hij / zij / het
on / ona / ono

wij
my

jullie
wy

zij
oni

wie?
kto?

wat?
co?

hoe?
jak?

waar?
gdzie?

wanneer?
kiedy?

naam
Nazwisko

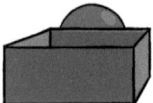

achter

za

in

w

voor

przed

boven

powyżej

op

na

onder

pod

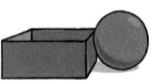

naast

obok

tussen

między

plaats

Miejsce